1. Auflage Mai 2022

franchili / 96

Detaillierte bibliographische Daten sind unter http://dnb.ddb.de bei der Deutschen Nationalbibliographie abrufbar.

Sämtliche Illustrationen innen und außen basieren auf Gemälden von Birgit Bodden

Autorenfoto S. 91: Birgit Bodden, privat

ISBN 978-3-943292-99-2 www.chiliverlag.de

und plötzlich fliegen die Fische

Birgit Bodden

und plötzlich fliegen die Fische

Gedichte

chiliverlag

I. Wasserzeichen

und plötzlich fliegen die Fische

Sinkflug

Im Trommelfell knacken
Herzklopfgeräusche
Atemluft brodelt
Blasen steigen
Fallschirme
gegen das Licht
quecksilberfarben
schaust du mich an
forme ich Zeichen
mit der Hand

Nautilus

windstiller Blick
die Segel gestrichen
kein Entrinnen
offen und blind
fällt das Auge
in die Mitte
des Sees
zieht Kreise
um seine innere Kammer

Argonautenfahrt

wäre ein Papierboot
gefältetes Gehäuse knöcherner Gedanken
fünfzig Ruderschläge im Logbuch verzeichnet
Segel über die Schale gesetzt

treiben Kopffüßler im pelagischen Raum
sind Weichtiere auf Fahrt
im Meer der Helle

Erinnerung

Aus der Ferne steigen, in Schleier gehüllt,
bläulich schimmernde, schwimmende Inseln,
driften aufeinander zu, formen Felsen rasend schnell,
steinerner Leib, an dem jedes Boot zerschellt.

Groß ist der Sog,
offen steht das Felsentor,
gefräßiges Maul ohne Gnade,
voll Gier und Lust zu verschlingen.

Nicht denken, peitschen, rhythmischer Schlag,
verdoppelt der Herzschlag die Arme,
Mann und Ruder und Boot sind eins,
hetzen besinnungslos durch den Schlund.

Es ist vorbei, man schaut zurück,
Verluste sind zu beklagen,
verloren das Steuer, der dritte Arm,
brechen Wellen ins offene Meer.

Spanische Tänzerin

Mit Urmündern singen vom Tanz der Finsternis
wie sich die toten Körper entfalten
blutrot mit sechs Zweigen
und wechselndem Geschlecht.

Sie ist die Schönste im ganzen Reich
seliges Glück, sie tanzen zu sehen
verlangsamt die Welt
dreht sich im Sternschneckentempo.
Selbstverloren rollt die Nackte
den Saum ihres Mantels
aus Erinnerung an die verbotene Farbe
flattern die Hände, berühren verflossene Seelen
fließend wabert das Geweih
schwimmt die rote Tänzerin
das Solo willenlos der Körper freigestorben
liegt ein Laichband, wächst eine Rose.

Schwimmflügel

milchweißes Gelege
fliege flügelweich
schwimme im Himmel
fliege im See
ich Fisch
wiege mich im Gewimmel
heiliges Gemisch
fühle mich leise im Flug

Zwischen Wasser und Land

spielen Wellen Trockenfallen,
stehen Pfützen, sterben Quallen,
Seegras, Tang, ein alter Schuh,
Muscheln stranden, Wellen wandeln,
Grenzgänger hier am Ufersaum

wässern den Streifen Zwischenwelt,
spiegeln Wolken, netzen Sterne,
spülen glitzernd den Himmel ans Land.

Der bleibt, solange die Wellen wischen,
als wischten sie eine Tafel blank,
als wischten sie die Möglichkeit fort
für die Wesen des Wassers,
in diesem Stück Himmel
den Weg zu finden
zwischen hier und dort
ins Meer zurück.

Kleine Priele im Sog der See,
Stern der Tiefe, Dornenbüschel,
blind und blass tasten Arme,
saugen sich fest auf dem trocknenden Grund.

Ich schreibe deinen Namen in den Sand

mit klaren, großen Lettern.
Ich schreibe deinen Namen mit einem Treibholz,
gefunden am Strand deinen Namen,
tief und rund mal ich die Zeichen
auf den glatt gestrichenen Grund,
schreibe deinen Namen mit meiner Hand
auf den glatt gestrichenen Sand.
Ich schreibe und lege ein Band
aus Muscheln in deinen Namen am Strand –
Spuren und Furchen im trockenen Sand.
Dein Name hat Zeit und bleibt und Dauer,
ich schreibe die Zeichen groß und klar,
die Flut rollt ihre Wellen ans Land,
Spuren und Furchen, ich schreibe,
ich bin das Land mit deinem Namen
rinnt die Flut in Spuren und Furchen,
kühlt den Sand, nimmt deinen Namen,
rollen die Wellen.

Mangrovenherz

Überirdisch Wind und Wellen.
Im Schlickboden der Gezeitentanz
halb fest, halb flüssig, Gedanken verdriften
türkis und grün im Meer versenkt,
rauschen, fluten, Atemmaske.
Salzdrüsen fühlen, verweilen
mit der Meeresströmung.
Wurzeln bilden und
schwimmfähige Früchte.

Die Nacht der Blumentiere

Unter Wasser Novemberlicht,
wartet das Korallenriff
auf diese Nacht, die eine Stunde,
mondsüchtig und gezeitentreu
gehen Wellen durch die Gärten,
kippt die Milchstraße kopfüber ins Meer,
glitzert, streut Zucker und Zauber,
glänzende Sterne vernebeln die Sicht.
Erlösung verschleudert, verschüttet
die nächste Generation.
Hörst du das Riff, sein Knistern,
wo neues Leben beginnt?

Über das Meer schauen

glatt und weit.
Nichts ist mehr aufgewühlt.
Fließende Stille, unter der Sonne
schmilzt das Blei,
ziehen schwermütig Schlieren
die Augen zu.
Ein Wimpernschlag – und
plötzlich fliegen die Fische.

Zeitlupenfilm

Im dunklen Raum
trägt das Meer eine Silberschicht
auf der Haut schwimmen Bilder
vergänglich das Nachleuchten
der Blauschrift aus dem Innern

Da wohnt das Kind vom Wasser
vergessen magere Schultern
das Sterntalerhemd
zerschlissen und wunschlos

stößt es sich ab
überlässt sich der Dünung
der alten See
treibt mit den Wellen das Streulicht ins Blau
dreht das Spiegelrad

Erinnern bevor die Schriftspur erlischt

Störblasen

platzen im Muschelgold
gewässert sterben Hauchbilder
auf der trockenen Haut
verblasst was heilig war
stumm in der Mündung
des Laichflusses

II. Echo

wächst uns Zeit entgegen

Für H.

Geh nicht, noch ist nicht Tag,
komm zurück
mit einem Karpfensprung ins Kissen,
in meinen schlafgewärmten Teich.
Lass uns ein Weilchen noch
dümpeln im grünen Dämmerlicht,
wo du zwischen Froschlöffeln und Hechtkraut,
Arme voll Seerosen,
meinen Schoß umschlingst,
durch die Sprungschicht wächst.

Weiberfastnacht, spät

Stunden lassen wir uns treiben
vom Regen nass macht der Asphalt
uns schöne Augen
schwarze Höhlen Tuschetränen
Lippen verwischt und ungenau
geht in den Pfützen der Tag zur Neige
spiegelt sich Licht der Kneipen darin
abgschminkt ein Rest Konfetti klebt
auf Pflastersteinen Bierlachen
leckgeschlagen Sirenengeheul
singen verschwommen wir Meerjungfrauen
tragen den welkenden Seerosenkranz
mit Glanz von Mondstein und Perlen
milchig und matt durch die nächtliche Stadt
zum Schwarm gesellen sich kobaltblau Quallen
tändeln tasten tentakeln spinnen
Fäden umgarnen uns Undinen
saumselig schweben mit Nesseltieren
silbern schimmert unsere Haut
sanft nehmen sie uns unter den glitschigen Schirm
stilles Glimmen salzig schmeckt
der Kuss brennt auf dem kalten Mund

Vor der Wintersonnenwende

ich dunkles Schwimmtier
folge dem Windlicht
über dem Wasser
stürzt der Halbmond
über dem Land
verschwimmt das Lied –
hörst du
weit draußen
streicht einer
die Pferdekopfgeige

Kleine Melodie

Mit Fieberatem
singt das Kind
in seiner Wunderkammer
das Lied der Seen.

Das Lied verdampft.
Es dreht den Ring an seinem Finger
den kalten Heimatstein,
vergisst seinen Namen.

Venedig

ruht der Kanal
still und schwer
in seinem Glashaus
mundgeblasen die Fassade
schillern glatte Schlieren

aber du fragst nach dem Grund

auf dem Wasser spiegelt die Tür
ein Fenster verschwimmt
im Flügel nistet die Schlange

die Haut zerreißt wenn sie sich erhebt

Am See I

Sommerlang glüht der Schieferbruch
das Ufer sinkt stetig spiegelt
das Wasser verwitterte Haut

die Eiche versteinert aus trockenem Fels
ragen Äste armdick ausgewaschen
liegen wir im Schattengeflecht

über den Bauch fließen Wellen
segeln Wolken Blasen
steigen Faulgase Fische
kopfüber weißliche Leiber
rudern himmelwärts

aus den Wurzeln
wächst uns Zeit entgegen

Am See II

Durch viele Hände geht der Sommer,
schleift Spuren in den warmen Sand,
Glasscherben, Kronkorken, verkohltes Holz.
Ein letzter Stein – flach und scharf –
flitscht über das Wasser,
das Risse bekommt und
der Himmel blaue Flecke.

Am See III

Ein allerletzter Sommertag,
dunkel ist der See geworden.
Tief steht die Sonne,
ihr Wunderkerzenlicht
flirrt übers Fischgrätenmuster.
Eine Böe
kräuselt das Wasser,
trägt Glitzern und Glanz
bis ans Stille werdende Ufer.

Am See IV

Schaust du eine Zeit lang über das Wasser,
den Blick geheftet auf einen Punkt,
einen Menschen, am jenseitigen Ufer vielleicht,
ein Boot, das dort am Rande liegt,
Wasser und Ufer und Land.

Der Spätsommerhimmel wölbt sich grau und warm,
schaut über Wellen und gleißendes Licht,
eilig plätscherndes Wassergeflecht
schlingert, treibt Rauten und Schlieren,
verfängt in der Netzhaut eine Bö,
drängt Silber und schwarz auf dich zu,
und plötzlich verschwimmt das Bild.

Die Fläche wandert, driftet nach rechts,
nach links verschiebt sich der Schieferbruch,
der schmale Saum, Ufer mit Mensch und Boot
verrutscht, kreist, geht unter, nur drüben
der Schwimmer, der gegen die Wellen zieht,
Zug um Zug die Schultern hebt,
steht still, kommt nicht vom Fleck.

Am Notzenweiher

kräuselt der Wind das Licht
über dem Wasser flirren Mückenwolken
schwarz wächst der Wald
bis ans Ufer ans pochende Herz
leuchten die Stämme der Fichten
zinnober und rosa hinter der Stirn
reifen Blaubeeren tropft ihr Saft
über die Finger färbt sie purpur
zählt nicht mehr wenn der Kuckuck ruft

In der Bucht von Pollara

Wie damals –
stehen und schauen
hinaus aufs Meer.
Über dein altes Faltengesicht
huscht ein Schmetterlingslächeln.
Der Himmel fächert Federlicht
in das Schwingen,
das Wellen gebiert und Wind.
Gischt fliegt,
Worte branden ans Felsenherz,
salzverkrustet brennt die Haut.
Lege mein Seeohr an deinen Sand
ins längst verklungene Echo.

Nachtlied

Über ein anderes Bett
streicht der Wind
den Blick aufs Meer
das schwarz liegt
mit dem Mond
in den Armen
treiben Wolken
unter der Decke dünn wie ein Traum
zwei Körper mit Fuchsgesichtern
in die Bucht aus Haut
und nahe das Atmen in Wellen

Flüsse fließen langsamer

Einmal waren wir uns nah
jetzt nähen wir
zerschlissene Bettlaken
über den Mund
die Lippen
schnappen ins Leere
in der Strömung taumeln
verloren die Worte

III. Regenlied

Rispen voller grüner Herzen

Regenlied der Amsel

Im Dunst wird die Sonne fahl,
unaufgeräumt liegen die Reste
des ersten Sonnentages
auf frisch gemähtem Gras.

Noch war kaum Zeit
und doch haben wir
für einen Nachmittag
das enggeschnürte Herzmieder aufgeknöpft.

Flügelschlagendes Schwingen,
helle Aufregung und warme Erde
auf nackter, suchender Haut,
atmen und alles schien möglich.

Am Abend aber,
bevor das Licht vergeht,
sitzt die Amsel auf dem First,
singt das Regenlied, herzzerreißend.

Zeremonie

Zerbrechlich zieht der Tee,
kirschblütenzart das Porzellan,
Aromen steigen, vibrieren,

formen einen lichten Raum.
Erinnern wächst, spiegelt die Luft,
durchsichtig liegt der Mandelkern

mit gärenden Knospen und Blüten,
Gerbstoffe aus Tagebuchblättern,
Sedimente ohne Schale.

Aus den Händen
löst sich die Schicksalslinie.
Bitter ist der Geschmack.

Als du den Tee einschenkst,
knackt der Riss in der Tasse.

Unersättlich

Deinen Winterpelz
zerfressen,
dein Sweatshirt
säuberlich ins Garn zerlegen,
dein schamhaft getragenes
Feinripphemd
in Fetzen reißen,
deine Haut streifen,
in mein Schweißbad legen,
dich auflösen
in mir.

Später

verlieben wir uns
tief in den Sturz
der Engel,
auf die Gesichter
legen wir Staub,
lesen stumm
nächtelang,
liegen taub
einander in den Ohren,
aus den Augen
Bilder gezupft,
zu beten
mit Speichel.

Himmel tu dich auf!

Egozentrisch

Morgennebel weben Schleier
über weiße Winterweiden,
mit dicken Mützen, Schals,
die Ohren zugeklappt,
folgen wir den Wolken,
die wir aus unseren Mündern stoßen,
stapfen schneeblind, ziehen Kreise
im zerstäubten Licht.

An alten Mauern
blühen Träume von damals
zart, zäh, welken nicht

Mit unserm ganzen Gewicht
warfen wir uns auf die Koffer,
um die Zeit darin
zu bändigen.
Als die Schlösser zuschnappten,
trugen wir sie mit uns davon
in eine Zukunft ohne Gepäck.

Zwilling

Ich
und ich
auf dem Arm unserer Mutter
schüttelt sie uns
bis wir uns zuwinken
über eine Barrikade
aus Stacheldraht

Mai

Wilde Blumen jung und schön,
roter Klee, dessen Blüten
wir zerpflücken für ein wenig Honigsüße,
hüten Hirtentäschelkraut,
Rispen voller grüner Herzen,
wollen vorsichtig zerstören,
bis wir ihr leises Schlagen hören,
fragen tausendschöne Küsse:
Zungenblüten, liebt er mich,
liebt er mich nicht bis zuletzt
der Blütenkorb kahl gerupft,
achtlos
fortgeworfen.

Elster

schlagen Flügel
blau und schwarz und weiß
drei oder sieben
in der Birke die Krone
heiser das Lachen
Sturz in die Tiefe
Räuber und Diebe
Flugschneisen
im fahlen Licht

Narbenränder

in der Blechhaut
Schweißnähte
unter der Achsel
Höhenangst
heben wir ab
zum Blindflug
Wolken brechen
der Kuckuck ruft

Wie blass du bist

Wolken verwaschener Musik
liegen um die Schultern
wie ein altes warmes Tier,
an das man sich gewöhnt hat.

Beweg dich nicht,
atme nicht,
halt still, bleibt
die halbe Sonne, der halbe Mond.

Haut

In ihren Falten
nisten alte Klavierstücke,
Adelaide weint
eine Sonnenträne,
vertanzt sich
im abgetretenen
Saum des Sommers.

IV. Rauschbeeren

verschlepptes Licht, das glüht

Sichtung

Unruhe zittert im räudigen Fell,
scharf der Geruch, das Geschrei
der Vögel, schrill steht der Wald.
Windstille tropft auf das Blätterdach.
Unter den Bäumen wittert die Wölfin,
hebt den Kopf zum großen Gesang,
schnürt die Angst mit federndem Gang,
durchmisst den Raum, erfasst die Distanz,
bernsteinfarben umschließt ihr Blick
das Bild, das geht hinein,
unerwartet und sanft
ist der Riss.

In sternklaren Nächten

Herzgänge in Himmelskammern gemeißelt
schweift der Wunsch – sag nichts –
unberührbar steht das Bild
im Vorhof wohnt ein roter Mond

Verwildert

liegt der Garten unbetreten
nicht mal Katzen jagen hier
Herbstzeitlose späte Rosen
Ackerwinden zugewuchert
für immer in sich selbst verschlungen
sterben Astern flammen Fäden
spinnen Netze in die Dornen
versiegeln Pfade
mit klebrigem Gold.

Heimweg

abgegrast verdorrt die Weide
auf der Kuppel stehen Kühe
käuen einen ganzen Sommer
wieder stelzen ihre Schatten
durch den späten Nachmittag
die Sonne spreizt ihr schwaches Licht
im Stacheldrahtzaun
hängen Fetzen geronnener Milch

Sommerende

Tage lungern
satt gegessen
liegen Plätze
blinzeln schräg
die Katzen
im Fell
tanzt Licht kippt
hinter den Lidern
die Bilder
rückwärtsgewandt
der lächelnde Engel
im Himmel
kreist Ahnen
von Fall und Vergehen

Signal de Botrange, Irrlicht

mit Novembersilberfäden
webt das Moor
brüchiges Licht
ins Unterholz

der Boden schwingt
bei jedem Schritt
tropfen tausend Siebensterne
versinken fast im feuchten Grund

singt das Torfmoos Atemwolken
Rauschbeeren hängen
Raureif glitzert
in Wasserfurchen
steht der Himmel
voll Schnee.

Rauhnacht

Dem Ungezähmten folgen,
die Spuren verwischt,
dass niemand die Lichtung
findet und stört,
wo die Kuppel sich wölbt,
durchlässig ist die Membran
zwischen Himmel und hier
steigen Sterne und fallen
aus der Mitte quillt Wasser,
lege mich zur Erde,
trinke, trinke.

Die Milch stockt
wenn der Wolfszwilling heult
schweigt das Rudel
stolpert das Herz
unter stumpf gewordenem Fell
wachsen Algen in der Badewanne

Zum Abschied

singen die Freunde das Lied,
das uns vertraut durch viele Jahre,
halten sich bei den Händen
und schließen den Kreis
um deine Asche.

Der Kuckuck schweigt

Weit wandert der Blick
über die Felder.
Zu Ende geht der längste Tag.
Schon legt sich Tau
auf eure Schultern.
Das Käuzchen sitzt
auf dem First, schreit
eindringlich, fordernd, fliegt
endlich lautlos davon.
Wann, mein Freund,
sehen wir uns wieder?

Winter

In deinem Winter will ich ruhen
gekrümmt als Randfigur
eingegraben
verschlepptes Licht
das glüht in den Furchen
ein Acker ein altes Gesicht
im weit gewordenen Land
verwaschenes Rot,
das die Schatten befragt

Sommer

Zwei Vögel grob gezimmert
aus Öl und fettem Pinselstrich
stolpern, stürzen aus dem hohen Blau
der Horizont ist ein verkürzter Augenblick
zwischen Himmel und Meer
zersplittern Spiegelbilder
blenden im Abtauchen
wird ihr Flug sanft
die Bewegungen anmutig
die Federn beginnen zu wachsen zu blühen

Treibhausruine

Die Wintersonne spießt
Neuntöterlicht ins metallische Gerippe.
Über zerbrochenem Glas
stirbt ein Brennesselwald.
Ein Rotkehlchen hüpft durch Brombeerranken.
So still steht die Welt,
schlägt das Herz noch einmal aus.

V. Südlich

abweisend brüten
die Häuser

Süden I

Ankunft Venedig – Santa Lucia

leere Blicke werfen die Augen
Äpfel in einer Schale
verbotene Frucht willst sehen, verstehen
licht und blind im Fieber
im Rot der Wangen welkt schon die Haut
bist doch so jung noch
geduldig entfernst du die Hülle
das Messer geschärft
erinnert dich an den Kern
im leeren Gehäuse
dies hungrige Schlagen.

Almadabra

Am Fischmarkt rauscht Regen,
Wacholder steht im Topf verdorrt,
noch träumt die Stadt vom roten Gold,
das mit der Strömung an die Küste treibt.

Eine Woche noch oder zwei,
dann tanzt der Thuna, flirrt übers Meer,
steckt den Fischern von Barbaté
zum Spott die Zunge heraus.

Im schillernden Paillettenhemd,
tausendfach tollkühn türkis,

wirbelt der Fisch ins Labyrinth,
peitscht in die Netze,
ein letzter Schwung Auftakt
zum großen Gemetzel.

Joal-Fadiouth, Senegal

Flimmert die Hitze über der Stadt,
die Straßen voll Staub und menschenleer,
abweisend brüten die Häuser
im Schatten, unter gebleichtem Tuch
Wurzeln, Asche, Sigillenmagie,
Grisgris gegen Fieber und Todesfurcht
beschwören schlüpfrige Geister,
Schildkrötenpanzer und Schlangenhaut,
Zähne zerbeißen den bösen Blick,
genagte Knochen, zerkochtes Gebein,
gemahlene Erde , zerstoßener Stein,
genäht in lederne Häute,
hechelt der Fetisch, lauert die Gier
zauberkundiger Händler.

Im Haus des Vaters von Leopold Senghor

In der Mauer hier dies eine Tor
zum Garten, der kühl ist wie damals,
als der mächtige Vater hier gewohnt
mit all seinen Frauen und Kindern.

So viele Stimmen in seinem Haus,
so viele Geschichten waren erzählt
von Bestimmung, Wettlauf und Schicksal.

Und der Stern, sein Stern, geht immer noch auf,
steht hoch hier und still über dem Tisch,
an dem so viele gesessen.

Seine Kraft und sein Geist wohnen noch fort,
sich spiegelnd in jedem Gesicht.
Und wer hier den Kopf hebt
mit Stolz und bewusst,
schöpft aus der gleichen Quelle.

Der große Löwe ist immer noch grün,
Wild wachsen die Pflanzen in seinem Reich
Sonne und Mond entgegen.

Der mächtige Baum,
an dessen Wurzeln die Ahnen gespeist,
wächst und bringt Frucht wie damals.
An seinem Fuß der schwarze Stein,
geschliffen und glatt,
hütet das große Geheimnis,
Weisheit gebettet in schrundiges Holz,
untrennbar verwachsen für immer.

Und über die Krone wölbt sich voll Licht
der Himmel, der kreist
im blauen gewaltigen Adler.

Regenzeit in Kafountine

Nacht
die Schatten gefressen
rollen die Augen über das Laken
weißlich das Fieber
schabt Horn von den Bildern
stockfleckenfarbig schlägt das Herz
Blitze im Sekundentakt
Moskitos stechen sirren
brennen Glieder
entzünden Finger
Nägel kratzen Haut
fetzen schlängelndes Gift
lautlos die Kobra, unter dem Himmel
ein Dach aus wildem Geschrei
metallisch tönt der Riesenkäfer
Halbaffen kreischen
das Buschbaby weint
schrill jagt das Eichhorn
der Ginsterkatze trillernden Schrei

bis eine Hand aus Licht sich legt
auf die glühende Stirn

Cuccu, der Kuckucksflötenmacher aus Matera

Vor der Höhle aufgehängt,
weiß und rot, aus Ton geformt,
Kuckucksflöten, die der Mann
mit Gichthänden und Schnapsatem,
zerfurchtem Gesicht und trüben Augen
Tag für Tag, Jahr für Jahr
knetet, brennt, bemalt.

Das Glückssymbol, das Totemtier,
Mischwesen aus Kuckuck und Hahn,
liegt fromm und schwer auf der Lunge,
wächst aus feuchtem Nest,
vertreibt böse Geister, wehrt Unheil ab,
mehrt Wachstum und Erfolg.
An den Wänden die Fotos
mit Algenbelag und Schimmel
erzählen ein Leben,
unkenntlich gewordene Gesichter.

Er war bekannt, sogar berühmt,
viele suchten ihn auf.
Zum Beispiel diese junge Frau,
krächzt er und zeigt
auf ein Foto über seinem Bett,
auf die verbleichende Gestalt.

So schön war sie, ist lang schon fort,
wollte lernen, wie man sie macht,

die Pfeifen, die Kuckucksrufe,
ihr Lächeln
verschluckt seinen Husten.

I Am Niger

Vielleicht ist es ein Traum,
in den die Piroge gleitet,
rosé und sonnengelb,
auf der spiegelglatten Fläche der Erinnerung,
welche die Fischer als schwarze Silhouetten
auf die Netzhaut malt.

Still fließt das Wasser gemächlich fort,
auf einer Reise ins Uferlose.
Zeit wird diffus und konturenlos.
Der Niger, so heißt es, gibt eine Seele
nie wieder frei.

Als er ein Kind war, wollte der Bruder
ihn ertränken im Fluss, wieder und wieder
hat er sich vom Grund abgestoßen,
nach Luft geschnappt,
um gleich darauf
wieder unterzugehen.

Eine Frau stand am Ufer,
die hat es gesehen,
hat geweint und geschrien,
den Jungen am Ende
halbtot aus dem Wasser gezerrt.

Die Frau war Faro, die Wasserfrau,
halb Fisch, halb Mensch, hat sie ihn
mit ihren Wasserarmen umfangen, hinabgezogen,
ihm ihren Atem eingehaucht
und schließlich ans sandige Ufer gelegt.

Sie wohnt im Fluss, geht manchmal an Land,
verwandelt in eine schöne Frau,
– die Peulfrauen sind die schönsten –,
kauft ein auf dem Markt,
verdeckt ihr Gesicht und niemand
darf ihr niemals in die Augen sehn.

Jetzt lebt er selbst , so sagt er und schaut
auf den flirrenden Horizont,
halb im Wasser und halb auf dem Land,
bringt nach altem geheimen Brauch
Opfer, dass Faro nicht zürnt.

Das Wasser scheint schwarz,
wenn die Nacht anbricht.
Im Strudel unter der glatten Haut,
wo ein unruhiger Sog die Wellen kraust,
verbirgt sich Faro im Niger.

II Im Dogon Land

Noch legt sich der bittere Geschmack
von Gras und Gin auf die Zunge.
Noch pocht der Herzschlag der Hände auf Holz,
im Trommelfell der Rhythmus der Stößel,
im Mörser wird die Hirse gestampft,
rau klingt der Schrei der Esel,
im Gepäck die Kolanuss,
unser Geschenk für die Alten der Dogon.

Wir kauen mit ihnen diese Frucht
vor den Hütten aus Lehm und Stroh.
Mit den Ahnen aus der Totenwelt
leben sie hier unter einem Dach,
unter dem Himmel, der immer noch trägt,
alte Geschichten weitererzählt
von Yurugu, dem Blassfuchs, dem Zaubertier,
von seinen Höhlen im Totenreich,
aus dessen Erdbau Leben entsteht.

Er war der Beginn und die kommende Zeit,
Urahn der Menschen, sah Unglück voraus.
Dann ging er weg und zeigt sich nicht mehr.
Und die Alten lasen die Zukunft jetzt
aus den Spuren des tanzenden Fuchses.

Gao

unter der Wüstensonne
bei lebendigem Leib
sagt man
haben sie ihn
so höre man
weil er die Regeln nicht hielt
weil er sich widersetzt habe
vielleicht weil er gesungen habe

die Asche hat niemand begraben.

Inhalt

Wasserzeichen

Echo

Regenlied

Rauschbeeren

Südlich

Abbildungen

Die Autorin

Birgit Bodden *1957 in Stolberg Rhld., lebt und arbeitet in Aachen. M.A. Germanistik/Philosophie RWTH Aachen, Kunstpädagogin, Lehrerin für Deutsch, Philosophie, Kunst und Kreatives Schreiben, schreibt und malt, kontinuierliche Ausstellungen in Deutschland, Niederlande, Belgien, Tschechien, seit 2001 Einzelausstellungen und Beteiligung an Gemeinschaftsausstellungen in Aachen und Umgebung sowie u.a. Prüm, Monschau, Prag, Trier, Kerkrade, Baelen, Walhorn. Birgit Bodden veröffentlicht in Zeitschriften und Anthologien. www.birgit-bodden.de

Foto: privat